Les textes et les réalisations sont de Cécile HOLVECK.

Les photographies sont de Annabelle ROSE.

La coordination a été assurée par Cécile HOLVECK.

Composition et photogravure : Sylvie GRIMMER et SAEP Arts Graphiques.

Impression : Union Européenne.

SAEP ÉDITIONS
68040 INGERSHEIM - COLMAR

J'adore les Pampilles !

en bijoux et
dans la déco

saep

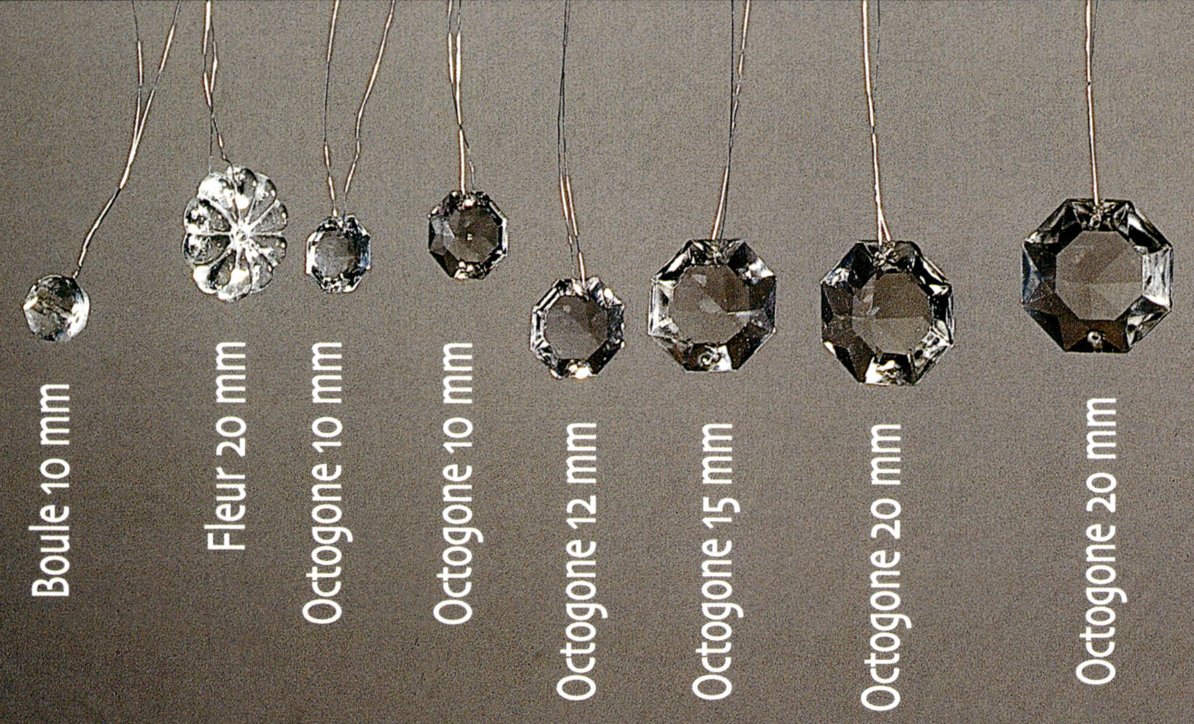

LEÇON DE CHOSES *(D'après un texte MERRYCRYSTAL.com, qui a eu la gentillesse de nous confier les pampilles en couleurs).*

Les pampilles de couleurs figurant dans cet ouvrage ont été réalisées de façon artisanale au cœur de la Bohème.

Le cristal est composé de sable fin et extra blanc auquel s'ajoute un fort pourcentage de plomb qui donne au cristal sa densité, ses grandes qualités de réfraction de la lumière et de sonorité.

Les colorations sont obtenues grâce à l'addition de sels métalliques tels de l'oxyde de cobalt, de manganèse pour le bleu ou de l'or pour le rose et le rouge rubis...

La fabrication d'une pampille :

Le cristal se présente sous forme d'un long bâton qui, après avoir été ramolli dans un four, est placé dans un moule individuel et pressé à la force des bras.

La pièce brute ressemble alors à une petite gaufre au relief quadrillé.

La taille est effectuée à main levée sous un filet d'eau à l'aide d'une meule humide ou d'une roue avec meule fine. La pampille est alors aussi opaque qu'un galet que l'on trouve sur les plages.

La pampille est ensuite polie sur un disque de feutre qui révèle sa brillance, puis percée, contrôlée et... expédiée vers ses destinataires.

Faites une expérience : balancez une pampille entre vous et le soleil et admirez le résultat... Tout, autour de vous, est éclaboussé par la lumière.

Alors, imaginez l'effet que peut produire un lustre complet au soleil levant, un bougeoir à bobèches devant une fenêtre ensoleillée, un bracelet de pampilles à votre bras...

N'hésitez plus : les pampilles ont pris un coup de jeune ; elles vivent très bien loin des dorures et s'expriment à merveille ailleurs, partout.

Accrochez-les aux lustres relookés, à des couronnes de branchages, faites-en des guirlandes naïves à accrocher aux fenêtres pour attraper le soleil, des boules de Noël : partout où vous voulez que cela scintille.

Étoile cristal taillé 40 mm

Étoile cristal taillé 70 mm

Goutte cristal taillé 50 mm

Pampille cristal taillé 90 mm

Pampille cristal taillé 90 mm

Amande cristal taillé 60 mm

Fleur cristal taillé 30 mm

Amande cristal taillé
60 mm

Amande cristal taillé
50 mm

Goutte cristal taillé
50 mm

Boule pied de lustre 30 mm

Pampille cristal taillé
90 mm
ampille cristal taillé
mm
Étoile cristal taillé 70 mm
Étoile cristal taillé 40 mm

taillé
que 60 mm
mande cristal taillé
opaque 60 mm
ampille cristal taillé
opaque 60 mm
Octogones 10 mm
Facette verre soufflé
mercurisé 55 mm

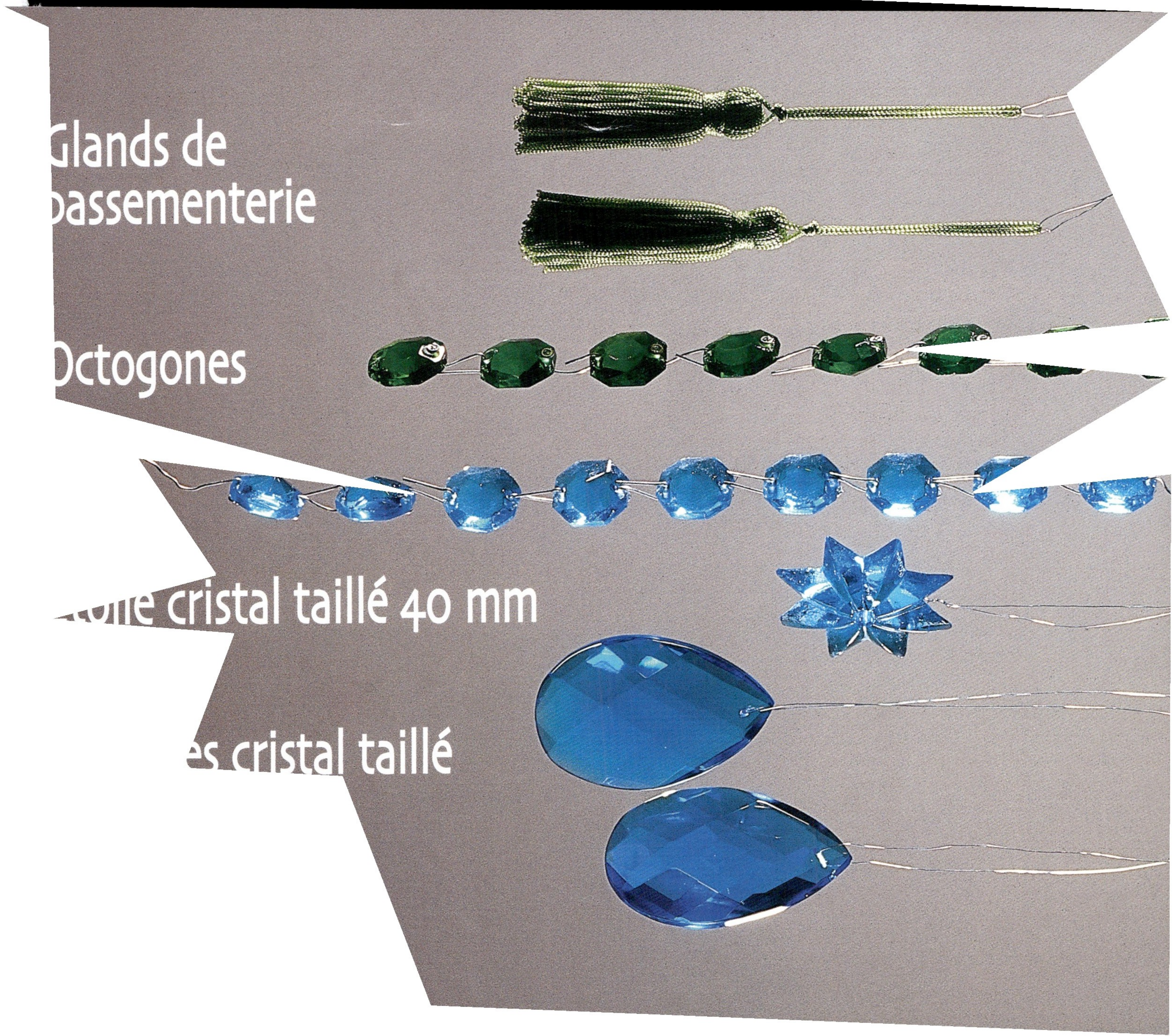

Glands de
passementerie
Octogones
cristal taillé 40 mm
es cristal taillé

Pampilles
fantaisie
en résine

LE MATÉRIEL

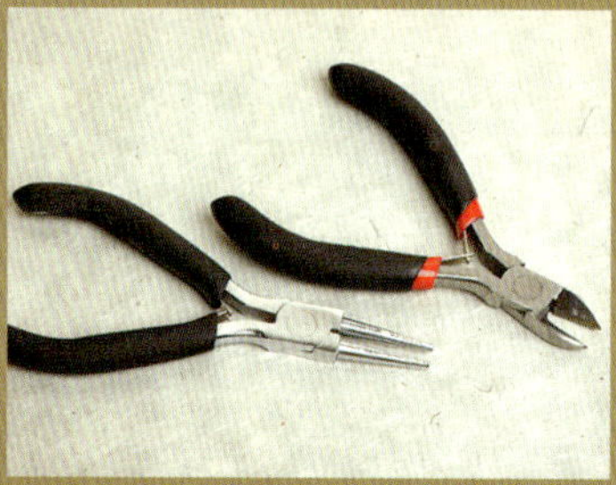

Pince à bouts ronds
&
Pince coupante.

Épingles en laiton doré pour assemblage.

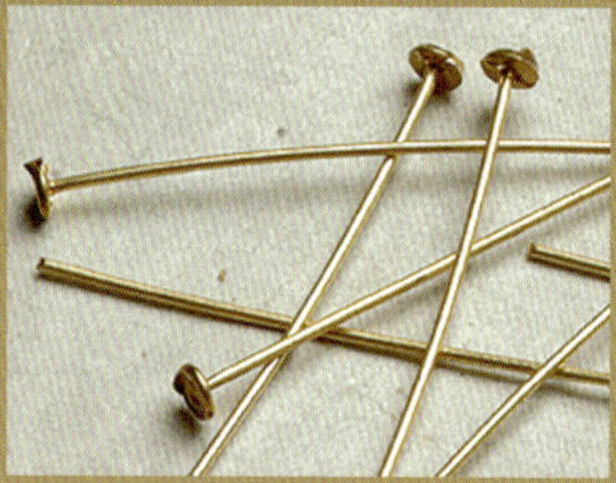

Épingles grande taille en laiton doré.

Épingles nickel pour assemblage.

SAVOIR FAIRE

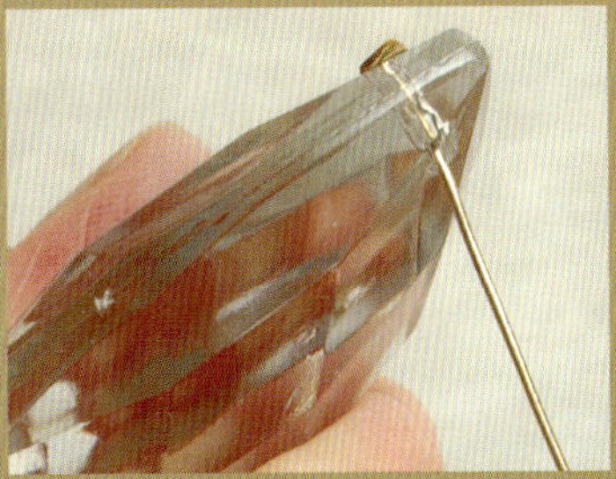

Enfilez l'épingle dans la pampille.

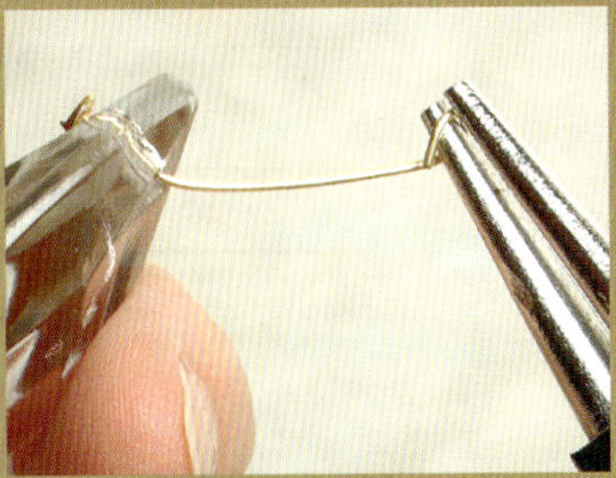

À l'aide de la pince à bouts ronds, faites une première boucle et ressortez la pince.

Faites deux ou trois boucles. Pendant l'opération, maintenez bien la tête de l'épingle appuyée : si vous faites levier, la pampille risque de se briser.

Procédez de même pour la pampille suivante.

RÉALISATIONS

SOYONS FOUS !

> Mise en garde préalable : les pampilles sont fragiles et le moindre choc peut entraîner un éclat. Manipulez-les tout au long de ces opérations avec beaucoup de précaution.

> Voici le lustre à pampilles tel qu'il a été trouvé dans un vide-greniers. Nous vous proposons un avant/après pour obtenir le résultat de la page précédente.

POUR LE DÉMONTER ET LE NETTOYER

1/ Commencez par sectionner à l'aide d'une pince coupante toutes les attaches qui maintiennent les pampilles au lustre. Évitez absolument de faire levier entre l'attache et la pampille : le cristal (ou le verre) est extrêmement fragile à cet endroit.

2/ Débarrassez délicatement toutes les pampilles de leurs attaches.

3/ Pour venir à bout des couches de poussières accumulées sur les pampilles, faites-les tout simplement tremper quelques minutes dans un récipient rempli d'eau javellisée, vous les ressortirez comme neuves.

4/ Dévissez les bougies, dégagez les fils électriques souvent maintenus par un scotch textile et dégagez les bobèches.

5/ Les bobèches se nettoient très facilement après avoir été trempées dans de l'eau javellisée.

6/ Avant de nettoyer la structure du lustre, protégez très soigneusement les fils électriques : nous les avons « emmaillotés » individuellement dans un sachet plastique maintenu très serré par quelques tours d'élastique.

7/ Nettoyez la structure à l'aide d'eau javellisée et d'une petite brosse en évitant de mouiller les fils.

POUR LE PEINDRE ET LE REMONTER

1/ La structure du lustre a été nettoyée et bien séchée.

2/ Nous avons choisi de la rajeunir et l'avons peinte en blanc mat.

Voici une petite partie de tout ce qui a pu être récupéré sur ce lustre.

> Toutes les idées en cristal taillé de cet ouvrage ont été réalisées à partir de ces pampilles et bobèches récupérées.

TABLE DRESSÉE

BOUGEOIRS À BOBÈCHES

FOURNITURES par bougeoir

1 bobèche
4 amandes
4 octogones

COMMENT FAIRE

Des bobèches en verre récupérées sur le lustre de la page précédente ont été posées sur ces bougeoirs pour un soir de fête.

Ce sont les bougies qui maintiennent les bobèches en place.

RONDS DE SERVIETTES

FOURNITURES

8 octogones / 1 (ou 2) amandes(s)
Attaches d'origine sur la photo

COMMENT FAIRE

Fermez simplement le rond de serviette à l'aide d'une attache et de la pince à bouts ronds comme expliqué page 15. Rajoutez, toujours à l'aide de la pince à bouts ronds, une ou deux amandes.

PORTE-COUTEAU

Voici une manière aussi jolie que vite faite pour embellir votre table.

Toutes les pampilles sont utilisables.

Pampilles d'origine en plastique.

CHANDELIERS

> *Voici quelques idées pour remplacer des pampilles en plastique par des pampilles en cristal, qu'elles soient naturelles ou en couleurs.*

> *Mise en garde préalable : les pampilles sont très fragiles à l'endroit où passe l'attache. Veillez à ne pas faire « levier » lorsque vous délogez l'attache de la pampille, elle se brise facilement.*

FOURNITURES

Pendeloques du bougeoir de gauche :

2 boules rouges de fin de lustre de 30 mm de diamètre
3 amandes rouges de 60 mm
5 octogones cristal de 10 mm
Anneaux d'origine

Pendeloques du bougeoir de droite :

3 gouttes rouges en cristal de 60 mm
2 amandes rouges en cristal de 50 mm
4 boules transparentes en cristal de 15 mm de diamètre
3 boules transparentes en cristal de 10 mm de diamètre
Perles de rocaille rouges
Fil nylon

MARQUE-PLACES

MARQUE-PLACES ÉTOILÉS

> Les boules de fin de lustre à facettes (ici de 40 mm) ont le grand avantage de tenir debout. Voici donc un accessoire de rêve pour marquer les places de vos invités.

> Rajoutez-y les étoiles que vous empilerez en y intercalant des perles en cristal. Pour que ces marque-places tiennent plutôt droit, ne dépassez pas le nombre de 3 étoiles.

> Avant d'empiler la dernière perle, glissez le carton sur lequel figure le nom de chaque invité.

QUE DES ÉTOILES...

> Voici une autre jolie manière de marquer les places de vos invités : empilez des étoiles de tailles progressives et glissez-y leurs noms avant la dernière perle.

> Ces étoiles forment un joli sapin de Noël que vous pouvez accrocher au sapin.

PAMPILLES & PASSEMENTERIE

> *Ces glands en passementerie se trouvent chez tous les détaillants spécialisés et merceries.*

IDÉES À SUIVRE POUR CETTE ASSOCIATION :

- Marque-place (le bristol avec le prénom est glissé sous la pampille : il se devinera en transparence).
- Rond de serviette.
- Garniture de bouton de tiroir ou de clef d'armoire.
- Porte-clefs.

RONDS DE SERVIETTES

Voici 5 idées vite faites de ronds de serviettes pour toutes les occasions.

Pampille opaque
Ficelle
Étoile de mer

Étoile cristal
Cordelette de lin

Bandeau d'octogones
Branche de menthe fraîche

Étoile cristal
Scoubidou pailleté transparent

Amande cristal noire opaque
Raphia

ABAT-JOUR PLISSÉ

FOURNITURES

15 amandes cristal de 60 mm
20 amandes cristal de 40 mm
50 octogones cristal de 10 mm
Les attaches d'origine qui reliaient les amandes aux octogones ont été conservées
Attaches dorées pour les fixer à l'abat-jour

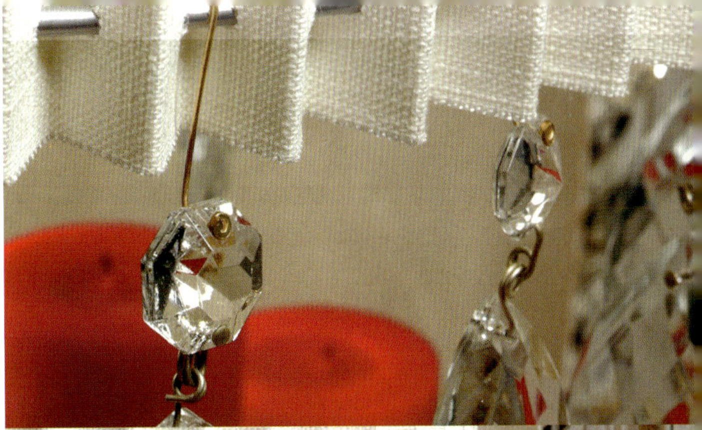

> Cette lampe (IKEA) est passée du bureau paternel à la chambre de la fille de la maison, plutôt romantique.

L'abat-jour s'est ainsi féminisé en moins d'une heure grâce à ces pampilles associées à des hauteurs différentes pour donner du rythme à l'ensemble.

PIED DE LAMPE

FOURNITURES

16 amandes cristal de 60 mm
10 amandes cristal de 40 mm
40 octogones cristal de 10 mm
Les attaches d'origine qui reliaient les amandes aux octogones ont été conservées
Petits clous dorés de tapissier

COMMENT FAIRE

1/ Clouez les petits clous dorés à intervalles réguliers, en les inclinant tête vers le haut pour éviter que les pendeloques ne s'échappent lorsque le pied de lampe sera déplacé.

2/ Amusez-vous à constituer des pendeloques de longueurs différentes et répartissez-les harmonieusement tout autour du pied de la lampe.

COUP DE JEUNE DANS LES PAMPILLES

> *Ce chandelier en aluminium (IKEA) est destiné à supporter 10 bougies. Il est équipé de plusieurs attaches amovibles qui permettent de le rapprocher plus ou moins de la table.*

FOURNITURES

10 amandes cristal de 60 mm
1 boule de fin de lustre de 40 mm
Attaches dorées
Glands de passementerie verts
Fil métallique de diamètre 0,5 mm

COMMENT FAIRE

1/ Une amande a été suspendue à chaque bras du chandelier.

2/ Pour les attacher, référez-vous au pas à pas page 15.

3/ La boule a été accrochée à l'aide d'un fil métallique.

4/ Les glands de passementerie ont été répartis ça et là.

> *Idée plus : les soirs d'été, ce lustre qui ne craint pas la rouille se plaît bien à l'extérieur, suspendu à une branche d'arbre (éloigné de la branche, bien sûr) et au-dessus d'une table de convives.*

CUSTOMISEZ LE LUSTRE DE GRAND-MAMAN

> *Les dorures du lustre de grand maman ont été recouvertes d'une couche de peinture blanc mat.*

> *Il est parfois difficile de retrouver les mêmes pampilles que celles d'origine. Dans ce cas, faites l'inventaire de celles qui sont intactes et répartissez-les harmonieusement sur le lustre. Vous remplacerez les manquantes par les pampilles de couleur.*

> *Si vous avez du temps et/ou de la patience, remplacez toutes les attaches d'origine en vous aidant du pas à pas page 15.*

FOURNITURES

Pour les 5 branches du lustre :
5 plaquettes simples biseaux cristal bleues 90 mm
5 amandes cristal bleues 65 mm
5 fleurs cristal bleues 30 mm
10 octogones cristal 20 mm

Pour les 5 bobèches :
20 amandes cristal 40 mm
20 octogones cristal 15 mm

Pour le pied de lampe :
1 boule cristal à facettes 40 mm
2 octogones cristal 20 mm

> *Mise en garde préalable : les pampilles sont fragiles et le moindre choc peut entraîner un éclat. Manipulez-les tout au long de ces opérations avec beaucoup de précaution.*

> *Ce lustre a été démonté, nettoyé, peint et remonté exactement selon les mêmes indications que celles figurant en pages 18 et 19.*

J'AIME LE BLEU !

> *Pour donner plus d'allure encore à des bougeoirs, rien de tel que les bobèches !*

> *C'est la bougie qui maintiendra la bobèche à sa place.*

FOURNITURES

Pour une bobèche aux glaçons bleus :
1 bobèche cristal de 10 cm à 5 trous
5 gouttes cristal bleues 60 mm
Attaches dorées

FOURNITURES

Pour une bobèche aux rosaces bleues :
1 bobèche cristal de 10 cm à 5 trous
5 fleurs cristal bleues de 30 mm
5 octogones cristal de 15 mm
5 amandes cristal de 30 mm
Attaches dorées

PAMPILLES & SOIRS D'ÉTÉ

> *L'hiver n'a pas l'exclusivité des pampilles : l'été sait très bien les mettre en valeur aussi.*

> *Ces pampilles en plexiglas achetées dans un magasin de loisirs créatifs, ont été montées en pendeloques à l'aide d'un fil d'argent très fin. La couronne a été achetée toute faite.*

FOURNITURES

15 disques de 14 x 12 mm
9 perles nacrées de 16 mm
4 gouttes de 40 x 10 mm
4 perles nacrées de 22 mm
2 cônes de 26 x 21 mm
2 cœurs de 24 x 14 mm
Fil argent très fin

DES PAMPILLES POUR NOËL

> *Assurez-vous, en choisissant les perles nacrées et les boules argentées, que le fil métallique de 8 mm passe à l'intérieur.*

FOURNITURES

Pour l'attache :

3 x 1 octogone cristal de 30 mm
3 x 3 octogones cristal de 25 mm
3 x 1 octogone cristal de 20 mm
3 x 2 octogones cristal de 15 mm
3 x 3 octogones cristal de 10 mm

Pour l'anneau de 10 cm de diamètre :

6 octogones cristal de 15 mm
8 amandes cristal de 30 mm
1 boule cristal à facettes de 15 mm
18 perles nacrées
5 boules argentées de diamètre 10 mm
Fil métallique plaqué argent de diamètre 8 mm

COMMENT FAIRE pour l'attache

Reliez, pour chacune des trois attaches,
1 octogone de 30 mm,
3 de 35 mm,
1 de 20 mm,
2 de 15 mm
et 3 de 10 mm.

COMMENT FAIRE pour l'anneau

Répartissez les pampilles et perles sur l'anneau de 10 cm de diamètre que vous aurez réalisé en fil métallique de 8 mm selon schéma en surimpression.

Reliez l'anneau aux attaches à l'aide de quelques tours de fil métallique.

> *Mise en garde préalable : les octogones sont très fragiles à l'endroit où passe le fil métallique. Veillez à ne pas faire « levier » lorsque vous y passerez ce fil.*

> *Assurez-vous, en choisissant les perles et boules, que le fil métallique de 8 mm passe à l'intérieur.*

FOURNITURES

Pour l'attache :
2 octogones cristal de 10 mm
2 octogones cristal de 15 mm
1 octogone cristal de 20 mm
Attaches dorées (si vous le pouvez, conservez celles d'origine)

Pour la boule de 10 cm de diamètre :

> *Cette boule est constituée de 2 anneaux. Les fournitures ci-dessous sont données pour un anneau de 10 cm de diamètre.*

10 octogones cristal de 15 mm
20 boules argent de 5 mm
Fil métallique argent de diamètre 8 mm

Pour l'attache de la boule :
8 boules argent de 5 mm

Pour le pied de la boule :
1 octogone cristal de 10 mm
1 amande cristal de 35 mm

COMMENT FAIRE

1/ Répartissez les perles et les octogones comme sur la schéma ci-contre en surimpression.

2/ Fermez l'anneau en formant une boucle à chaque extrémité avec la pince à bouts ronds.

3/ Réalisez un deuxième anneau.

4/ Formez la boule en reliant les deux anneaux qui seront maintenus par une boucle de fil métallique que vous réaliserez à l'aide de la pince à bouts ronds.

5/ Réalisez l'anneau qui servira à relier la boule à l'attache à l'aide de fil métallique et de 8 perles argent.

6/ Suspendez à la base de cette boule une pendeloque faite d'un octogone et d'une amande.

7/ Reliez la boule à l'attache.

FOURNITURES

Pour l'attache :

10 octogones cristal irisé de 15 mm
Épingles nickel

Pour la boule de 10 cm de diamètre :

10 amandes cristal de 30 mm
Perles de rocailles transparentes au cœur argenté
10 toupies cristal de 5 mm

> *Assurez-vous, en choisissant les perles de rocaille, que le fil métallique de 8 mm passe à l'intérieur.*

Fil métallique plaqué argent de diamètre 8 mm
Fil métallique argent de 0,25 mm

COMMENT FAIRE

> *Cette boule est constituée de 3 anneaux de taille identique de 10 cm de diamètre.*

1/ Réalisez 2 anneaux identiques uniquement en perles de rocaille.

2/ Réalisez un troisième anneau en positionnant les perles comme suit : 1 toupie cristal, 15 perles de rocaille, 1 toupie cristal, 15 perles de rocaille, etc.

3/ Reliez-les entre eux par un anneau en fil métallique réalisé à l'aide de la pince à bouts ronds.

4/ Réalisez les attaches des amandes avec 4 perles de chaque côté, sur un fil de 0,25 mm.

5/ Disposez les amandes tout autour d'un des anneaux à côté de chaque toupie cristal et maintenez-les par quelques tours de fil de 0,25 mm.

6/ Reliez la boule à l'attache.

FOURNITURES

Pour l'attache :

1 octogone de 30 mm
2 octogones cristal de 25 mm
2 octogones cristal de 20 mm

Pour le cœur de 10 cm de hauteur :

1 goutte cristal de 65 mm
Perles de rocaille transparentes au cœur argenté
Perles nacrées de 5 mm
Fil métallique plaqué argent de diamètre 8 mm

> *Assurez-vous, en choisissant les perles, que le fil métallique de 8 mm passe à l'intérieur.*

COMMENT FAIRE l'attache

Reliez les octogones entre eux, du plus grand au plus petit.

COMMENT FAIRE le cœur

1/ Enfilez les perles sur un cercle de fil métallique de 10 cm de diamètre comme suit : 1 perle imitation culture, 10 perles de rocaille, 1 perle imitation culture, 10 perles de rocaille, etc.

2/ Fermez ce cercle par un anneau à chaque extrémité à l'aide de la pince à bouts ronds.

3/ Formez le cœur.

4/ Attachez la goutte cristal.

5/ Reliez le cœur à l'attache.

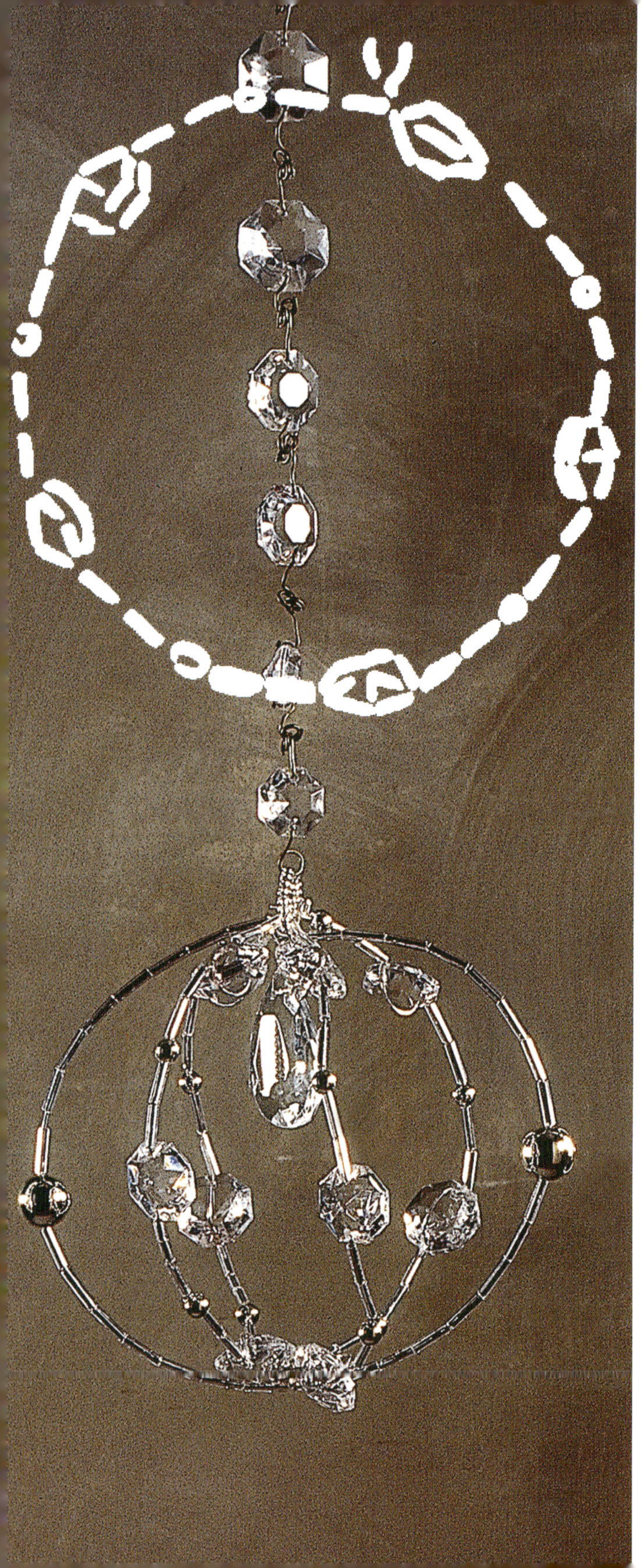

FOURNITURES

Pour l'attache :

2 octogones cristal de 15 mm
2 octogones cristal de 20 mm
2 octogones cristal de 25 mm
Attaches dorées (ou celles d'origine)

Pour la boule de 10 cm de diamètre :

> *Assurez-vous, en choisissant les perles de rocaille, que le fil métallique de 8 mm passe à l'intérieur.*

> *Cette boule est constituée de 3 anneaux de 10 cm de diamètre. Deux anneaux sont strictement identiques et le troisième différent.*

Pour les deux anneaux identiques :

5 octogones cristal de 15 mm (x2)
20 tubes verre argent de 10 mm (x2)
5 boules argent de 5 mm de diamètre (x2)
Fil métallique plaqué argent de diamètre 8 mm

Pour le troisième anneau :

2 boules argent de 10 mm
30 tubes verre argent de 10 mm
Fil métallique plaqué argent de diamètre 8 mm

COMMENT FAIRE

1/ Réalisez 2 anneaux identiques selon schéma en surimpression.

2/ Réalisez le troisième anneau comme suit : 8 tubes de verre, 1 boule argent de 10 mm, 16 tubes de verre, 1 boule argent de 10 mm, 8 tubes de verre.

3/ Reliez les trois anneaux entre eux par un anneau en fil métallique réalisé à l'aide de la pince à bouts ronds.

4/ Réalisez l'attache de la boule à l'aide de perles de rocaille argent sur fil métallique.

5/ Fixez l'amande cristal au haut de la boule.

6/ Fixez la boule à son attache.

FOURNITURES

Pour l'attache :

3 octogones cristal de 30 mm
1 boule argent de 10 mm
2 boules cristal à facettes
Fil métallique plaqué argent de diamètre 8 mm

Pour la boule de 10 cm de diamètre :

> *Assurez-vous, en choisissant les perles de rocaille, que le fil métallique de 8 mm passe à l'intérieur.*

5 boules argent de 5 mm de diamètre
1 amande de 65 mm
Perles de rocaille transparentes au cœur argenté
Fil métallique plaqué argent de diamètre 8 mm
Fil métallique argent de 0,25 mm

COMMENT FAIRE

1/ Réalisez l'anneau comme suit : 1 boule argent 10 mm, 32 perles de rocaille, 1 boule argent, 32 perles de rocaille, etc.

2/ Fermez ce cercle par un anneau à chaque extrémité à l'aide de la pince à bouts ronds.

3/ Fixez l'amande cristal au haut de la boule.

4/ Fixez la boule à son attache.

NOËL SCINTILLANT

> Voici une jolie façon de symboliser l'hiver dans la maison :
> – des pampilles,
> – de la mousse,
> – du fil argent,
> – des boules de Noël,
> – de la neige artificielle,
> ... et le tour est joué !

COMMENT FAIRE

> *Un chandelier à quatre branches et des serviteurs en verre ont été enveloppés dans de la mousse.*

> *Pour maintenir la mousse, entortillez tout simplement l'objet à recouvrir de fil métallique argent (ou or si vous préférez) de 0,25 mm.*

> *Une fois le chandelier recouvert, accrochez-y les pampilles et le tour est joué !*

> Pour maintenir la mousse, entortillez tout simplement l'objet à recouvrir de fil métallique argent (ou or si vous préférez) de 0,25 mm.

> Une fois le plateau recouvert, accrochez-y les pampilles, garnissez le serviteur et refermez la cloche.

> La neige artificielle s'achète en magasins spécialisés. Exigez l'ininflammable, surtout pour le chandelier.

> Pour obtenir un bel effet « givré » à l'intérieur de la cloche, sortez-la au frais durant une heure : la différence de température lorsque vous la rentrerez provoquera ce bel effet le temps d'un dîner.

GUIRLANDES

> *Ces guirlandes sont réalisées à partir de branchages du jardin, découpés puis peints à la peinture blanc mat.*

FOURNITURES

Pour une guirlande de 1 mètre :

28 baguettes de 9 cm pour 2 carrés
4 baguettes de 14 cm pour 1 carré
4 baguettes de 17 cm pour 1 carré
4 baguettes de 20 cm pour 1 carré
Une vingtaine d'octogones de tailles différentes pour relier les carrés entre eux
5 octogones pour l'intérieur des carrés
5 amandes de tailles différentes pour l'intérieur des carrés
Fil métallique argent 0,25 mm

COMMENT FAIRE

1/ Peignez des branches en blanc et laissez sécher (peignez-les avant de les couper en tronçons).

2/ Coupez les baguettes selon les mesures ci-dessus.

3/ Réalisez les carrés en reliant les baguettes entre elles avec le fil métallique argent.

4/ Garnissez chaque carré des octogones et des amandes que vous attacherez avec le fil argent en passant quelques tours autour des baguettes.

5/ Reliez les carrés entre eux avec les octogones.

COURONNE ROUGE

> *Cette couronne peut être de toutes les fêtes, été comme hiver.*

FOURNITURES

1 poire cristal rouge de 115 mm
2 boules à facettes pied de lampe cristal rouge diamètre 30 mm
5 plaquettes simples biseaux cristal rouge 90 mm
5 plaquettes simples biseaux cristal rouge 90 mm
2 amandes cristal rouge 60 mm
2 amandes cristal rouge 50 mm
6 glands rouges en passementerie de 50 mm
8 glands lin en passementerie de 50 mm
1,60 m de cordelette lin pour attacher la couronne
2,50 m de cordelette lin pour attacher les pampilles
1 couronne en branchage toute faite de 45 cm de diamètre

COMMENT FAIRE

1/ Commencez par suspendre la couronne à son emplacement définitif à l'aide de 4 fils de lin de 0,40 m chacun et équilibrez-la.

2/ Préparez toutes les pampilles avec leurs attaches.

3/ Accrochez-les en les répartissant harmonieusement.

4/ Accrochez les glands de passementerie.

5/ Terminez par la très grosse pampille cristal rouge en assurant bien l'attache.

BAGUES À ÉCLATS

FOURNITURES pour la bague bleue

1 étoile cristal turquoise de 40 mm
7 cm de fil de scoubidou bleu à paillettes
2 x 13 cm de fil métallique argent 0,25 mm
4 tubes de verres argent de 10 mm
4 perles de rocaille transparentes à cœur argenté
5 toupies en cristal de 5 mm
4 perles à écraser (or ou argent)

FOURNITURES pour la bague rose

1 étoile cristal rose de 40 mm
7 cm de fil de scoubidou transparent à paillettes
3 x 13 cm de fil métallique argent 0,25 mm
6 toupies cristal rose de 8 mm
12 toupies cristal de 4 mm

FOURNITURES pour la bague verte

1 étoile cristal vert sapin de 40 mm
7 cm de fil de scoubidou vert à paillettes
3 x 13 cm de fil métallique argent 0,25 mm
8 tubes de verre vert tendre de 5 mm
4 tubes de verre vert sapin de 10 mm
13 petites perles de rocaille vertes
10 grosses perles de rocaille vertes
6 perles à écraser (or ou argent)

COMMENT FAIRE pour la bague bleue

1/ Enfilez (en même temps) les deux fils métalliques dans le scoubidou. Ils dépasseront de 3 cm de chaque côté.

2/ Enfilez les perles, tubes et toupies selon le schéma ci-contre. Procédez un fil après l'autre et bloquez immédiatement avec la perle à écraser (que vous écrasez avec une pince à bouts plats).

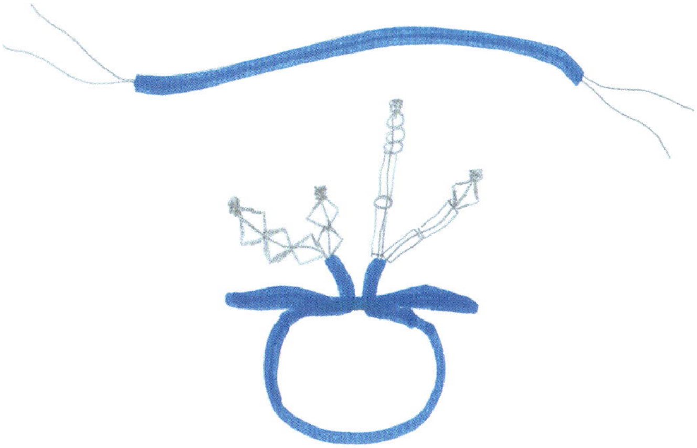

COMMENT FAIRE pour la bague rose

1/ Enfilez (en même temps) les trois fils métalliques dans le scoubidou. Ils dépasseront de 3 cm de chaque côté.

2/ Enfilez les toupies selon le schéma ci-contre. Procédez un fil après l'autre et bloquez immédiatement avec la perle à écraser (que vous écrasez avec une pince à bouts plats).

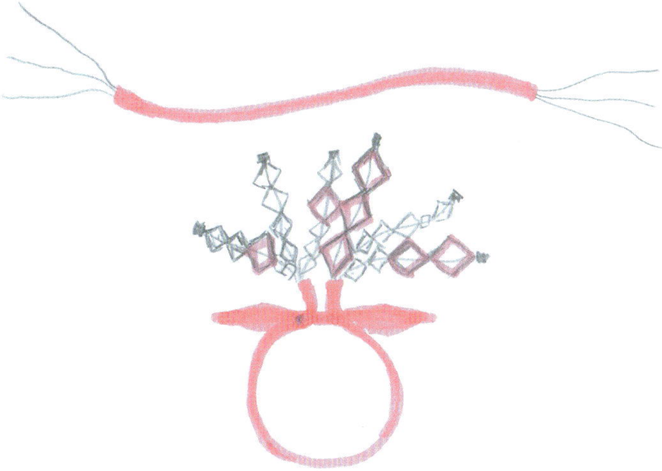

COMMENT FAIRE pour la bague verte

1/ Enfilez (en même temps) les trois fils métalliques dans le scoubidou. Ils dépasseront de 3 cm de chaque côté.

2/ Enfilez les perles et les tubes selon le schéma ci-contre. Procédez un fil après l'autre et bloquez immédiatement avec la perle à écraser (que vous écrasez avec une pince à bouts plats).

COLLIERS OU BRACELETS AUX ÉTOILES

> Ces colliers sont réalisés en quelques minutes : il vous suffit de glisser une étoile dans le fil de scoubidou au coloris coordonné et de nouer. C'est tout.

> Tous se portent également en bracelet, il vous suffit de faire 3 ou 4 tours autour du poignet.

> La variété des coloris, aussi bien des pampilles que des scoubidous, offre d'infinies possibilités d'assortiment.

CRISTAL ET LIN

> *Ce collier est réalisé en quelques minutes. S'il est long, c'est-à-dire plus de 60 cm, sachez qu'il risque d'être soumis aux chocs (contre un bureau ou une table lorsque vous vous pencherez).*

SAUTOIR NOIR

> Ce sautoir mesure 95 cm. Il vous faut 47 octogones cristal noirs et 94 attaches dorées pour le réaliser. Pour réaliser les attaches, reportez-vous à la page 15.

BRELOQUES

FOURNITURES

Une épingle kilt

Pour une breloque :
4 octogones cristal de 10 mm
Attaches dorées (ou celles d'origine)

Pour une autre breloque :
2 octogones cristal de 10 mm
1 amande cristal de 50 mm
Attaches dorées (ou celles d'origine)

Pour la troisième breloque :
4 octogones cristal de 10 mm
1 amande cristal de 30 mm
Attaches dorées (ou celles d'origine)

COMMENT FAIRE

1/ Montez les trois breloques selon photo ci-contre.

2/ Fixez-les sur l'épingle kilt.

COLLIER IRISÉ

> *Ce collier est réalisé en quelques minutes. S'il est long, c'est-à-dire sur un lien de plus de 60 cm, sachez qu'il risque d'être soumis aux chocs (contre un bureau ou une table lorsque vous vous pencherez).*

BRACELET IRISÉ

> *Ce bracelet est réalisé à partir d'une dizaine d'octogones cristal de 15 mm.*

> *Un fermoir à ressort est fixé à un anneau à une des extrémités, un anneau est fixé à l'autre extrémité.*

COLLIER BLEU

> *Ce collier est asymétrique et se noue à la hauteur désirée avec l'extrémité opposée à la boule bleue.*

FOURNITURES

1 boule pied de lampe cristal bleu à facettes de 40 mm
2 fils de scoubidou bleu à paillettes de 43 cm et 17 cm
7 toupies cristal bleues 4 mm
3 toupies cristal 4 mm
Perles de rocaille transparentes avec cœur argenté
2 fils métalliques argent de 76 cm

COMMENT FAIRE

1/ Passez (ensemble) les deux fils métalliques dans le premier fil de scoubidou.

2/ Enfilez les toupies comme indiqué sur schéma ci-contre.

3/ Continuez à passer les fils métalliques dans le second fil de scoubidou et faites-les dépasser de 10 cm.

4/ Enfilez les toupies et les perles de rocaille comme indiqué sur le schéma ci-contre.

5/ Terminez par une perle à écraser (ou 2 pour plus de sûreté car la boule à l'autre extrémité est assez lourde).

6/ Fixez la boule à l'autre extrémité selon schéma ci-contre.

PORTEMANTEAU AUX CŒURS

> Ce portemanteau a été perforé à l'aide d'une perceuse. Attachez à l'aide d'un fil nylon ces breloques plastique achetées toutes faites en mercerie.

JUSTE POUR FAIRE JOLI

TURQUOISE !

> *Ces petits vases ont été réalisés à partir de verres à eau remplis d'eau colorée.*

> *Les bobèches ont été posées tout simplement dessus. On y glisse les fleurs.*

Table des Matières

Dépôt légal 4e trim. 2005 - n° 3070
Imprimé en U.E.

Dans la même collection :

Réf. 4552

Réf. 4553

Réf. 4554

Réf. 4555

Réf. 4557

Réf. 4559

Réf. 4562

Réf. 4564

Réf. 4565

Réf. 4566

Réf. 4643

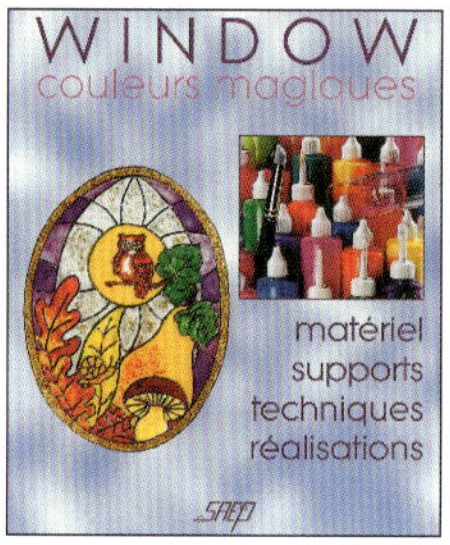

Réf. 4644

Réf. 4646

Réf. 4649

Réf. 4651

Réf. 4652

Réf. 4653

Réf. 4656

Réf. 4659

Réf. 4913

Réf. 4914

Réf. 4915

Réf. 4916

Réf. 4917

Réf. 4918

Réf. 4919

Réf. 4920

Réf. 4921

Réf. 4922

Réf. 4923

Réf. 4924

Réf. 4925

Réf. 4926

Réf. 4927

Réf. 4928

Réf. 4929

Réf. 4930

Réf. 4931

Réf. 4932

Réf. 4933

Réf. 4934

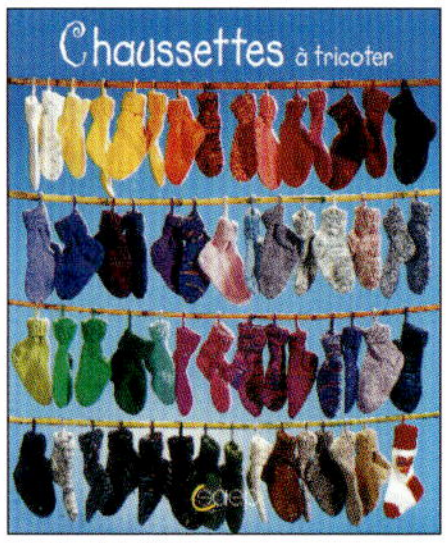

Réf. 4935

Réf. 4936

Réf. 4937

Réf. 4938

Réf. 4939

Réf. 4940

Réf. 4943

Réf. 4944

Réf. 4956